Ben Springer
Kurosch Yazdi

KLICK UND WEG

Das Facebook-Aufhörbuch

Mit Illustrationen von Walter Krause

edition a

Gedruckt nach der Richtlinie des Österreichischen Umweltzeichens „Druckerzeugnisse“, Christian Theiss GmbH, Nr. 869

MIX
Papier aus verantwortungsvollen Quellen
FSC® C012536

Ben Springer, Kurosch Yazdi:
Klick und Weg

www.edition-a.at

Cover und Gestaltung: JaeHee Lee
Illustrator: Walter Krause
Illustrationen © Shutterstock

Gesetzt in der Premiera

1 2 3 4 5 – 21 20 19 18

ISBN 978-3-99001-265-9

Ben Springer, geboren 1970, stieg aus dem Hamsterrad der Werbebranche aus, um das echte Leben zu leben. Als Ben Bennett schrieb er sieben in mehrere Sprachen übersetzte Romane.
Kurosch Yazdi, geboren 1976, ist Facharzt für Psychiatrie und Psychotherapeut. Seit 2012 leitet er in Linz eine Krankenhausabteilung für Suchtkranke.

DAS LEBEN WARTET AUF DICH!

GOTT NEIN!
DU BRAUCHST DIESES BUCH NICHT.

PS: Es sei denn, das bist **du** auf der nächsten Seite …

?

Ertappt?
Mach dir keine Sorgen.
Es gibt einen Ausweg.
Ja, auch für dich.
Aber: Du musst jetzt
ganz stark sein.
Bist du bereit für eine
Gruselgeschichte?

Ministerium
für Einsamkeit

Die Geschichte beginnt an einem furchterregenden Ort: im Ministerium für Einsamkeit. Ja, das gibt es wirklich! Es liegt auf einer vergessenen Insel im Meer. Genauer gesagt: in Großbritannien. Dort hat die britische Regierung im Januar 2018 eine Ministerin für Einsamkeit ins Amt berufen. Ihr Job: Die zunehmende Vereinsamung der Bevölkerung in den Griff zu bekommen, die für „viel zu viele Menschen die traurige Realität des modernen Lebens ist“, so Premierministerin Theresa May.

Also: Wenn du nicht willst, dass auch deine Geschichte an diesem Ort endet, lies weiter. Noch kannst du umkehren. Doch dir bleibt nicht mehr viel Zeit. Denn möglicherweise bist auch du bereits infiziert. Es beginnt mit diesem Symptom …

FÜHLST AUCH DU DICH MANCHMAL EINSAM?

Dann blättere um und verstehe.

Nein: Das ist keine Fotomontage. Sondern ein zufälliger Schnappschuss. Aufgenommen in Hamburg im Sommer 2017.

Foto: Ulli Budde

Frage: Wie viele Menschen auf dem Bild kommunizieren miteinander? Und wie viele der Menschen sind …

… GEMEINSAM EINSAM???

Gefangen in einer Welt, in der keine Außenwelt mehr existiert. Sondern nur noch eine Welt hinter Plexiglas. Auf Smartphone-Screens. So wie sie sich ein paar clevere amerikanische Studenten im Jahr 2004 ausgedacht haben: die Gründungsmitglieder des Social Networks Facebook.

„Wir haben auf Bauernhöfen gelebt, dann lebten wir in Städten und jetzt werden wir im Internet leben."

THE SOCIAL NETWORK

LEBST DU SCHON IM INTERNET?

Oder hast du noch eine Wohnung in der realen Welt? In einer Stadt, einem Dorf oder gar auf einem Bauernhof? Schläfst du noch in den Armen eines Menschen – oder teilst du dein Bett bereits mit 300 Freunden und einem Smartphone? Letzteres? Dann ist das hier dein Buch, denn es kann dein Leben retten. Herzlich willkommen im Jahr 2018, in dem eine neue

Religion dabei ist, die Welt in einem Tempo zu verändern, das einmalig in der Geschichte der Menschheit ist. Und genau wie jede andere Religion basiert auch sie auf Propheten und dem Fußvolk, das sie anbetet.

DIES IST DIE GESCHICHTE VON JESUS UND GOTT. UND DEM EINFÄLTIGEN GEIST.

Dies ist deine Geschichte.

(Sorry)

Bitte kreuze an.

Die größte Religion der Welt im Jahr 2018 ist:

a) das Christentum
b) der Islam
c) der Buddhismus
d) der Hinduismus
e) _______________

Auswertung

Du hast eine Lösung
von a) bis d) angekreuzt?
Dann bist du entweder hoffnungslos
romantisch (unwahrscheinlich).
Oder du besitzt kein Smartphone
(noch unwahrscheinlicher).
Denn die größte Religion der Welt
im Jahr 2018 ist selbstverständlich …

Platz 1

Facebook

Mehr als 2 Milliarden aktive Anhänger, Tendenz steigend

Auf den nächsten Rängen folgen:

Platz 2:

Christentum

(2,3 Milliarden Anhänger, aber großteils inaktiv)

Platz 3:

Islam

(1,6 Milliarden Anhänger, siehe oben)

Platz 4:

Hinduismus

(940 Millionen Anhänger, siehe oben)

Platz 5:

Buddhismus

(460 Millionen Anhänger, siehe oben)

Platz 6:

Judentum

(15 Millionen Anhänger, siehe oben)

NEIN: ES STIMMT NICHT.

Wir haben nicht den Glauben verloren.

WIR GLAUBEN NUR AN ANDERE GÖTTER.
UND AN EINEN ANDEREN HEILAND.

Einen Heiland, der
mit einer neuen Botschaft
antritt. Mit einer Botschaft, die
besser in die Zeit passt, ins Jahr 2018.

Und die auch damals, zu
Zeiten von Jesus Christus,
besser angekommen wäre. Denn
mal ehrlich: Der Jesus vor gut 2000
Jahren hatte ein krasses Akzeptanzproblem.

Warum?
Nun: Sein Love & Peace-Ding war so
was von peinlich. Nächstenliebe, in der
Bibel mit dem magischen Wort „Agape“
bezeichnet? Moral vor Materialismus?
Hallo? Sogar John Lennon ist damit
gnadenlos gescheitert, und das obwohl
er seine Botschaft in geniale Songs
verpackt hat. Imagine!

Nicht so der neue Jesus.
Er ist das glatte Gegenteil
seines Vorgängers: Er ist cool, er ist
digital und er hat Jerusalem nach all
dem Karma-Shit, den er dort erlebt hat,
ein für alle Mal den Rücken gekehrt.

Nun lebt er in Palo Alto,
Kalifornien. Und finanziell?
Geht es ihm besser als je zuvor.
Love & Peace ist nicht sein Ding.
Er steht für andere Werte – Werte,
die leichter zu vermitteln sind.

Du bist jünger als 35?
Dann bist sehr wahrscheinlich
auch du unter seinen Jüngern.

Denn der neue Jesus, Version 2018, ist …

MZuckerberg alias Jesus

Und er ist nicht allein.
Sein gütiger Vater im Himmel
wacht über ihn …

Steve „The Almighty" Jobs alias Gott

Vater und Sohn haben
die Aufgabenteilung
jetzt optimiert.
Und das ziemlich clever:

Jesus Zuckerberg hat die Bibel neu erfunden und sie auf den Namen Facebook getauft. Statt 12 Aposteln hat er nun über 2 Milliarden. Und die schreiben die Bibel – tagesaktuell.

EINER VON
IHNEN
BIST DU.

Steve „The Almighty“ Jobs wiederum hat sich darauf spezialisiert, die Hardware zu liefern. Sozusagen die Gebetsbücher.

Und die sehen heute nicht mehr so aus …

Sondern so:

Sogar das Tischgebet ist wieder in Mode …

Facebook-Jünger beim Tischgebet, um 2018.

Es ist der 31. Oktober 2017. Reformationstag. Vor 500 Jahren hat Martin Luther seine 95 Thesen an die Wittenberger Schlosskirche geschlagen und deshalb haben wir heute einen Feiertag. Es ist ein eisiger Morgen in Berlin. Ich habe eine Kleinigkeit im Spreegold gefrühstückt und mache nun einen kleinen Spaziergang über den menschenleeren Ku'damm. Die Läden haben dichtgemacht. Doch vor einem der geschlossenen Geschäfte hat sich eine Menschenmenge gebildet. Es ist der Applestore. Vor dem Eingang erkenne ich eine Art Campinglager. Menschen, junge und alte, sitzen dort auf Klappstühlen, eingemummt in dicke Parkas. Eine Gruppe adretter Preppies, daneben Bilderbuch-Nerds und ein asiatischer Typ, der in seiner Vermummung aussieht wie ein Eskimo. Schließlich, bequem auf einen Campingstuhl direkt beim Eingang gefläzt, ein älterer Mann mit grauem Stoppelbart. Er hat etwas leicht Verwahrlostes und könnte auch als Penner durchgehen – würde er nicht auf einem teuren iPhone rumtippen. So wie seine Gefährten in diesem Campinglager vor dem Applestore, die sich auf einen eisigen Tag und eine noch kältere Nacht auf dem Ku'damm einrichten, die Augen gebannt auf ihre blinkenden Smartphones gerichtet. Ihr Ziel: Am nächsten Morgen die Ersten zu sein, wenn bei Apple die Neuauflage ihrer Bibel erscheint. Irgendein neues iPhone, das eine Heilsbotschaft verspricht, die bis morgen früh noch Hunderte von Jüngern hierherlocken wird. Und das keinesfalls in einer lauen Sommernacht, sondern bei Temperaturen, die nur wenige Grad über dem Gefrierpunkt liegen. Während ich fröstelnd da stehe, frage ich mich: Was ist das für eine Religion, die eine derartige Wirkung auf ihre Anhänger ausübt?

Ist es überhaupt eine Religion?

Eine Droge?

Oder gar eine Seuche?

Um das festzustellen, werfe ich noch am selben Tag einen Blick auf die Definitionen dieser drei Begriffe. Und erschrecke mich dabei ein bisschen.

Denn sie lauten wie folgt …

Religion

Substantiv [die]

Der Glaube an einen Gott oder an mehrere Götter und die damit verbundene Praxis in Kult und Lebensformen.

Droge

Substantiv [die]

Eine Substanz, die in verschiedenen Weisen konsumiert wird, die den Konsumenten in einen stark euphorischen Zustand versetzt, eine körperliche und psychische Abhängigkeit erzeugt und oft langfristig die Gesundheit und die sozialen Bindungen des Konsumenten zerstört.

Seuche

Substantiv [die]

Eine ansteckende Krankheit, die sich rasch verbreitet.

Moment mal, trifft nicht all das zumindest teilweise auch auf Facebook und Co. zu?

Lassen wir mal den lieben Gott im Himmel weg. Und die biologischen Substanzen. Dann passt alles andere perfekt. Kurz gesagt: Die sozialen Medien sind so etwas wie der optimale Mix aus diesen drei Bereichen. Und genau das erklärt ihren Riesenerfolg. Denn Religionen, mit ihren guten und weniger guten Seiten, sind auf unserer Welt genau wie Drogen und Seuchen echte Bestseller – und das schon seit Jahrtausenden. Facebook und andere Social-Media-Apps setzen noch einen obendrauf. Sie sind die fein dosierte, selbstoptimierte, junge und unverdächtige Version dieser Bestseller. Und sie verändern auf diese Weise unsere Gesellschaft im Rekordtempo, und zwar ohne dass es überhaupt jemand merkt. So als stünden wir alle unter dem Einfluss einer sich auf der ganzen Welt ausbreitenden, hochgradig süchtig und abhängig machenden …

… Psychodroge.

ZUFALL?

Nun: Natürlich ist es kein Zufall. Das große Suchtpotential von Facebook, Instagram und Co. basiert auf einem beunruhigenden Zauberwort. Es lautet …

CAPTOLOGY.

KLINGT GENAUSO GEFÄHRLICH WIE „SCIENTOLOGY"?

Nun: Das ist es auch. Wahrscheinlich sogar gefährlicher, denn die Auswirkungen auf unsere Welt sind extremer – die Sekte SCIENTOLOGY hat nur ein paar 100.000 Anhänger, CAPTOLOGY hingegen mehrere Milliarden. Nämlich alle Menschen, die in irgendeiner Form Social Media und Smartphones benutzen. Ohne im Geringsten zu ahnen, dass sie nicht zufällig in diese Sucht getrieben werden, sondern mit einem ausgeklügelten wissenschaftlichen System. Entwickelt wurde es 1996, also noch weit vor Facebook, von einem US-Verhaltensforscher namens **BJ Fogg.** Dass sich sein Name etwas nebulös anhört, passt zu seinem Produkt: Denn CAPTOLOGY, was sich aus „**C**omputers **A**s **P**ersuasive **T**echnologies" oder kurz „CAPT" ableitet, bedeutet nichts anderes als: Computer überreden dich zu einer Handlung, ohne dass du es überhaupt merkst.

Die Idee dahinter: Anwender dazu zu verführen, eine App wieder und wieder zu öffnen. Und das so simpel wie nur irgend möglich. Wie das funktioniert? Ganz einfach: Die Inhalte sind dabei zweitrangig – wie bei Facebook und Instagram Standard. Worum es eigentlich geht, ist der ständige Austausch mit dem Nutzer: Zum Beispiel ein farbiger Punkt am App-Logo, der dir signalisiert, dass gerade etwas echt Wichtiges abgeht. Ständige Push-Mitteilungen, die dich im Spiel halten und anzeigen, dass ein „Freund" etwas gepostet hat. Oder ein Zeitstempel neben einer WhatsApp-Nachricht, der dich unter Druck setzt, weil du seit so und so vielen Stunden nicht darauf reagiert hast. Bei Snapchat wiederum zeigen dir sogenannte „Streaks" an, wie oft es dir gelungen ist, eine Konversation mit einem „Freund“ aufrechtzuerhalten. Und du ahnst es bereits: Nur wer ewig Pingpong spielt, ist wirklich ein guter „Freund“! Und wer immer schön brav reagiert wie ein Pawlowscher Hund, wird natürlich sofort mit einem Häppchen Anerkennung belohnt. Fast alle Top-Apps basieren auf Captology, nicht zufälligerweise verwandt mit dem Wort „Capture“ („gefangen nehmen“). BJ Foggs, der das **Stanford Persuasive Tech Lab** leitet, ist mit seinen Schülern der Star der Branche. Schülern, unter denen sich im Übrigen auch der Gründer von Instagram befindet. Zufall? Natürlich nicht! Das erklärte Ziel von BJ Foggs und seinen Jüngern: Das Verhalten von Menschen von Computern steuern zu lassen.

Kurz gesagt: Du wurdest von Anfang an programmiert! Wenn du glaubst, dass du Facebook und Co. im Griff hast, irrst du dich gewaltig.

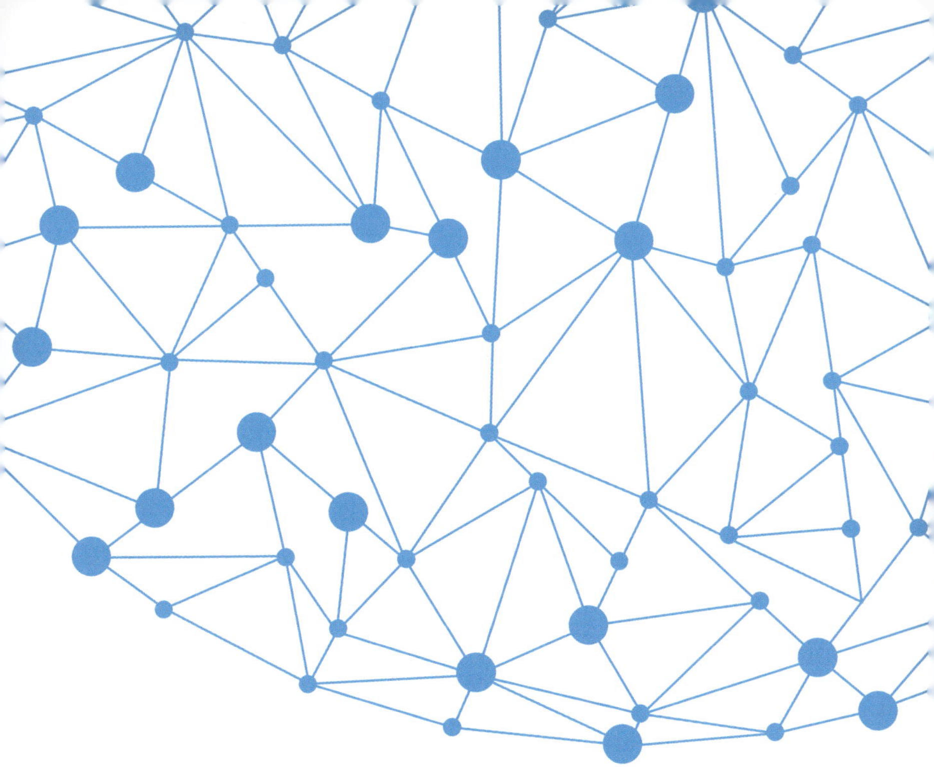

Denn Facebook und Co.
haben dich im Griff.

Hören wir mal, was einer dazu sagt, der Facebook mit aufgebaut und groß gemacht hat – bevor er den Laden mehr oder weniger freiwillig hinter sich ließ. **Sean Parker** spielt nicht nur im Film „The Social Network" eine tragende Rolle, sondern tat dies auch in der Gründungsphase von Facebook. Heute leitet der 38-Jährige das **Parker Institute** und kämpft mit Immuntherapien für eine Welt ohne Krebs. Sein Urteil über seinen ehemaligen Kompagnon Mark Zuckerberg und Facebook in einer vielbeachteten Rede fällt so erschütternd wie bedrohlich aus.

Auf einer Konferenz sagte der frühere Facebook-Präsident, Facebook verändere buchstäblich die Gesellschaft und die Beziehungen der Menschen zueinander. Es nutze die psychologische Verletzlichkeit der Mitglieder und beute sie aus. Jedes Mal, wenn jemand einen Beitrag oder ein Foto auf Facebook teilt, positiv bewertet oder kommentiert, wird ein kleiner Dopamin-Kick bei diesem Menschen ausgelöst, kurz gesagt: ein Glücksgefühl. Auf diese Weise geraten Facebook-Nutzer in „soziale Wertschätzungs-Schleifen – auf eine Art, wie sie sich nur Hacker wie ich ausdenken können, weil eine psychologische Verletzlichkeit der Menschen ausgenutzt wird“. Die Erfinder der sozialen Netzwerke hätten dieses Wissen von Anfang an gezielt eingesetzt, denn ihnen ging es darum, so viel Zeit und Aufmerksamkeit ihrer Nutzer wie nur möglich zu erhalten. „Nur Gott weiß, was es mit den Gehirnen unserer Kinder macht“, sagte Sean Parker und fügte hinzu: „Als Facebook ins Laufen kam, gab es viele Leute, die auf mich zukamen und sagten: ‚Ich bin nicht in den sozialen Medien.‘ Dann sagte ich: ‚Okay, aber du wirst es sein.‘ Dann antworteten sie: ‚Nein, nein, nein – mir sind meine Interaktionen im wirklichen Leben wichtig. Ich schätze den Moment, ich schätze die Präsenz, ich schätze Intimität.‘ Und dann sagte ich: ‚Früher oder später werden wir dich kriegen.‘“

Und genau so ist es gekommen. Mittlerweile beschäftigen sich Psychologen rund um den Globus mit dem Phänomen Facebook und Co. und vergleichen das Suchtpotential sozialer Medien bereits mit dem von …

... KOKAIN.

Teilen Sie sich Ihre Zeit gut ein, sonst tut das Ihr Handy für Sie", warnt US-Computerexperte **Tristan Harris.** Früher war er bei Google für die Benutzerführung zuständig – heute leitet er die Organisation **Time Well Spent**, die Social-Media-Nutzer darüber aufklärt, dass soziale Medien für ihren Erfolg psychische und seelische Schwächen ihrer Nutzer gezielt ausnutzen. „Wenn Sie glauben, Sie hätten die sozialen Medien im Griff, vergessen Sie nicht, dass auf der anderen Seite Hunderte hervorragend ausgebildete Ingenieure sitzen, die sich mit nichts anderem beschäftigen, als Ihre Zeit im Sinne ihrer Auftraggeber zu gestalten." Sein Fazit: Die gesamte Benutzeroberfläche vor allem von Smartphones sei mit dem Ziel designt, dass ihre Benutzer möglichst viel Zeit damit verbringen. Möglich machen das Konzepte wie Captology und andere raffinierte Tricks, die uns dazu verführen, rund um die Uhr am Ball zu bleiben. Die Inhalte liefern dann Facebook und Co. – und was inw den sozialen Medien nun mal am besten funktioniere, seien die folgenden Inhalte:

HÄME.
HASS.
EMPÖRUNG.
ANGST.

Und last, but not least …

NEID.

„Ich denke, wir haben Tools geschaffen, die die Struktur unserer Gesellschaft auseinanderreißen", sagt ein anderer ehemaliger Top-Facebook-Manager. **Chamath Palihapitiya** war ab 2007 verantwortlicher Manager für das Nutzerwachstum des sozialen Netzwerks. „Die kurzen, von Dopamin gesteuerten Feedback-Schleifen, die wir kreiert haben, zerstören, wie die Gesellschaft funktioniert", sagt er über die Like-Kultur. Die Pseudo-Interaktion auf gepostete Inhalte ermögliche weder einen zivilen Diskurs noch irgendeine Art von Kooperation, sondern verbreite Fehlinformationen und Lügen. „Das ist kein amerikanisches Problem, auch kein russisches, sondern ein globales Problem", erklärte der Ex-Facebook-Manager bei einer Podiumsdiskussion der **Stanford Graduate School of Business.**

So sieht es auch Bestsellerautor **Rolf Dobelli.** „Facebook ist das größte Vergleichsexperiment in der Menschheitsgeschichte und damit eine Brutstätte für Missgunst", sagte er Ende 2017 in einem Interview mit der Zeitschrift GQ. „Bis vor zwanzig Jahren hat man sich mit seinem Nachbarn oder den Kollegen in der Firma verglichen. Heute vergleichen wir uns mit Tausenden, die uns jeden Tag ihr scheinbar perfektes Leben vorführen. Das killt unsere Happiness, denn wir machen uns nicht klar, dass die geposteten Fotos sorgfältig kuratiert sind. Sie zeigen nicht die Wirklichkeit, sondern eine geschminkte, angeberische Scheinwelt. Ich kenne niemanden, der nach einer Stunde Facebook oder Instagram nicht hochgradig frustriert ist, weil er insgeheim meint, das aufregende, geglückte Leben gehe an ihm vorbei", formulierte er vielleicht ein wenig überspitzt. Und doch, für ihn ist klar: „Das Internet hat den Neid zu einer modernen Seuche gemacht."

Eine Seuche, die auch an den etablierten Medien nicht spurlos vorübergeht. Im Gegenteil: Auch sie sind bereits infiziert.

Um ihre Printauflage hoch zu halten, durchforsten News- und Nachrichtenredaktionen heutzutage Facebook und die sozialen Medien rund um die Uhr auf der Suche nach der nächsten Sensation. Die Social-Media-Kanäle sind für sie längst eine wichtige Ergänzung zu seriösen Nachrichtenagenturen geworden.

Und Fake-News sind zu verzeihen, solange sie der Unterhaltung dienen und so ihren Zweck erfüllen: Dafür zu sorgen, dass die etablierten und über Generationen gewachsenen klassischen Medien weiter im Geschäft bleiben, ohne völlig von den neuen Hechten im Karpfenteich verdrängt zu werden.

Doch natürlich hält Facebook nach wie vor die Spitzenstellung, wenn es um Fake-News geht: Laut einer 2018 veröffentlichten Studie des **Reuters Instituts für Journalismusforschung** lassen auf Facebook verbreitete Fake-News in ihrer Popularität seriöse Medi teilweise weit hinter sich. Allein die französische Gesundheitsweb **Santé+**, die nachweislich immer wieder erfundene Geschichten verbreitet, kam laut der Studie auf durchschnittlich 11 Millionen Likes, Shares und Kommentare im Monat – fünfmal mehr als die m gelesene französische Nachrichtenseite der Tageszeitung **Le Figa**

Ach ja: Und bis heute ist noch immer nicht geklärt, ob Donald Trump seinen hauchdünnen Wahlsieg russischer Facebook-Propaganda verdankt.

Es ist auch nicht klar, ob die islamistische Gewaltwelle ohne Social Media mit der gleichen Macht über die Welt hereingebrochen wäre.

Und auch nicht, ob die zeitgleich mit dem Siegeszug von Social Media rasant angestiegene Zahl von Singles in der westlichen Welt von Facebook und den sozialen Medien verursacht wurde.

Doch das Schlimmste ist: Es scheint niemanden mehr wirklich zu interessieren. Fremdgesteuert wie Zombies stolpern wir durch eine schöne neue digitale Welt, in welcher der höchste aller Werte eine schöne Oberfläche ist – genau wie bei einem Smartphone.

„Facebook ist längst ein Instrument gesellschaftlicher Veränderung", schreibt die **Süddeutsche Zeitung** im Dezember 2017. Und stellt die Frage, ob die Stimmung in der Welt auch ohne soziale Medien so vergiftet wäre. „Was das Thema Facebook zeigt, ist, dass Firmen der digitalen Wirtschaft so ziemlich alles skalieren können, nur nicht die Menschlichkeit. Das liegt in der Natur dieser neuen Welt."

APROPOS MENSCHLICHKEIT …

Bis heute ist ebenfalls offen,
warum wir Fake-Freunde
mittlerweile unseren echten
Freunden vorziehen.
Oder gar noch schlimmer:
Den Menschen, mit denen
wir unser Bett teilen.
Den Menschen also, die
wir eigentlich über alles
andere lieben sollten.

ZURÜCK BLEIBT, WAS WIR AUF DEN BILDERN AM ANFANG DIESES BUCHES GESEHEN HABEN:

Menschen, die gemeinsam einsam sind. Und die gleichzeitig alles tun, um der Welt zu zeigen, dass sie es nicht sind. Und dabei jeden echten körperlichen und seelischen Kontakt zu anderen Menschen zu vermeiden versuchen, weil ihnen zu viel echte Nähe mittlerweile sogar Angst macht.

Gehörst auch du zu diesen Menschen? Menschen, die ihr Leben auf Facebook so schick und glamourös darstellen, als wären sie Kim Kardashian oder Selena Gomez? Mit getunten Profilen, deren Schnittmenge mit der Wahrheit immer kleiner wird? Baust du dir eine digitale Scheinwelt auf, in der du ein Star bist? Und ein Bild, das kaum noch zu dem Menschen passt, den du morgens im Spiegel siehst? Wenn es so ist: Willst du wissen, wohin das führt?

Machen wir ein kleines Experiment: Du willst einen deiner 300 Facebook-„Freunde“ oder sonst jemanden, den du im Internet kennengelernt hast (zum Beispiel über Online-Dating) im echten Leben treffen. Was tust du? Denn in diesem Augenblick würde dieser Mensch dich ja echt und in Farbe sehen. Ohne Photoshop und den Glamour, den du um dich herum auf Facebook aufgebaut hast. Was dann? Damit es zu dieser Blamage nicht kommt, wirst du wie so viele Facebook-Jünger Folgendes machen: Du wirst dein Leben in der schwer kontrollierbaren realen Welt nach und nach aufgeben und deine Zelte in der vermeintlich sicheren digitalen Welt aufschlagen. Wie so viele Weggefährten, die alle an derselben Krankheit leiden:

EINSAMKEIT.

Erinnerst du dich noch an das Ministerium für Einsamkeit, über das wir am Anfang dieses Buches berichtet haben? Hier schließt sich der Kreis.

Denn Facebook ist nicht nur der größte Verbreiter von Hass und Neid im Web, sondern auch eine extrem süchtig machende Einsamkeitsmaschine.

Dabei setzt Facebook auf eine uralte evolutionäre Erfolgsformel, der sich kaum ein Mensch entziehen kann:

DAS RUDEL.

Seit Millionen von Jahren sind Menschen Rudeltiere. Teil eines großen Ganzen. Mit klaren Regeln: Tue ich etwas für das Rudel, bekomme ich im Gegenzug Anerkennung und Wertschätzung. Was wiederum Glücksgefühle in mir auslöst. Doch in der realen Welt, im realen Rudel, muss ich dafür hart arbeiten: Erfolg in der Schule, der Arbeit, im Sport oder auch in der Liebe wird einem nicht geschenkt. Und die Belohnung erwartet mich in der Regel in der Zukunft. Sie ist also nur ein Versprechen, das eintreten kann oder nicht. Anders im virtuellen Rudel von Facebook: Allein für mein ständiges Mitmachen, Reagieren und indem ich jeden Trend mitgehe, und seien es Mobbing und Hasskampagnen, werde ich sofort belohnt. Das Versprechen wird sofort eingelöst: Mit Dopamin-Kicks und Glücksgefühlen, die mir mein virtuelles Rudel schenkt.

Mit mehr und mehr virtuellen „Freunden", die zu meinem Rudel gehören, das wächst und gedeiht. Je attraktiver ich mein Profil gestalte, desto populärer werde ich in diesem virtuellen Rudel. Auch wenn das alles kaum noch etwas mit meinem echten Leben zu tun hat, sondern eine reine Scheinwelt ist. Nach und nach ersetzt der Avatar, den ich von mir erschaffe, mich selbst. Auf diese Weise kommt es zu einem fürchterlichen Kreislauf und die Einsamkeitsmaschine übernimmt mein „Ich“: Denn verglichen mit meinem Facebook-Avatar und meiner Position in meinem virtuellen Rudel bin ich im richtigen Leben irgendwann nicht mehr wirklich vorzeigbar. Mein Scheinbild entfernt sich immer weiter von der Realität. Mit der Folge, dass bestimmte Träume im echten Leben für mich bedrohliche Ausmaße annehmen: Wie zum Beispiel könnte ich ein echtes Date mit jemandem haben, der nur mein Scheinbild kennt und natürlich enttäuscht wäre, würde er mich so sehen, wie ich wirklich bin. Auf diese Weise entferne ich mich weiter und weiter vom echten Leben. Und gehe ganz und gar in meinem virtuellen Rudel auf. Nur: Es existiert kein virtuelles Rudel. Und auch keine virtuellen Freunde. All das ist nichts weiter als eine Phantasie. Ein Traum. In dem ich gefangen bin, während das echte Leben an mir vorbeiläuft. Und aus dem ich dennoch nicht erwachen kann, denn zu groß ist meine Angst, dieses Rudel zu verlieren und am Ende mit leeren Händen in der kalten, harten Realität dazustehen: Ein kleiner trauriger Loser, ausgestoßen von seinen virtuellen Freunden, die nun über ihn herziehen wie eine Horde hungriger Wölfe.

Zu hart? Aber leider ist es die Wahrheit. Facebook manipuliert deine Psyche nicht nur mit ständigen kleinen Belohnungen und verpasst dir so Kicks und Glücksgefühle – sondern pflanzt dir darüber hinaus bedrohliche Verlustängste ein, die es dir richtig schwer machen auszusteigen. Womit wir wieder beim Thema Sekten und Scientology wären, denn dort läuft es nicht sehr viel anders. Am Ende lebst du fast nur noch auf und für Facebook. Im richtigen Leben jedoch bist du einsam und allein, ohne echte Kommunikation mit echten Menschen. Denn …

... ECHTE MENSCHEN WERDEN NACH UND NACH UNSICHTBAR FÜR DICH. SO FUNKTIONIERT DIE EINSAMKEITSMASCHINE

FACEBOOK.

Echte Menschen jedoch sehen **dich**, denn …

Liebe
Grüße

Hans

„Du kannst nicht nicht kommunizieren."

Denke immer an den berühmten Satz des österreichisch-amerikanischen Kommunikationsforschers und Psychotherapeuten Paul Watzlawick, dessen Wahlheimat Palo Alto in Kalifornien war, genau wie die von Mark Zuckerberg. Worauf er hinauswollte, ist Folgendes: Wenn du in der Öffentlichkeit auf dein Smartphone starrst, bist du keinesfalls unsichtbar. Sondern du kommunizierst mit deiner Umgebung. Und signalisierst allen Menschen um dich herum: „Rutscht mir den Buckel runter." Dein Traummann sitzt neben dir und du sagst ihm: „Rutsch mir den Buckel runter." Deine Traumfrau sitzt neben dir und du sagst ihr: „Rutsch mir den Buckel runter." Traurig, oder? Und genau so wirst du langsam, aber sicher ein Fall für das Ministerium für Einsamkeit. Weil du die virtuelle Welt als wichtiger ansiehst als die reale. Weil du dein Rudel fürchtest. Das ist gut für Facebook – und verdammt schlecht für dich.

Die Folgen sind brutal: Unsere Gesellschaft wird in atemberaubendem Tempo zu einer Einsamkeitsfalle. Wie der 2018 veröffentlichte Freizeitmonitor des **Instituts für Freizeit- und Tourismusforschung** feststellte, hat sich unsere Welt innerhalb von nur einem Jahrzehnt auf den Kopf gestellt: Gehörten 2006, dem Jahr vor dem Start des ersten iPhone, noch Aktivitäten wie Partys feiern, ins Kino gehen, tanzen oder ein Discobesuch zu den ganz normalen Aktivitäten, waren sie im Jahr 2017 vergleichsweise abgeschafft. Auch Freunde, Familie, Kinder und Sexualität spielen für die meisten Menschen heute nur noch eine Nebenrolle und liegen abgeschlagen hinter den neuen Aufsteigern: der Beschäftigung mit Smartphone, Internet und den sozialen Medien. Dabei stellt das Institut folgende interessante Frage:

„Es bleibt die Frage zu klären,
ob die Menschen das so wollen,
oder ob ihnen dieser Lebensstil
von außen aufgezwungen wird."

Nun: Du kennst die Antwort bereits.

Frage: Willst du wirklich Teil dieser Bewegung sein? Einer Bewegung, die sich **Social Media** nennt – in Wahrheit aber das genaue Gegenteil davon ist:

ASOZIAL.

Oder bist du bereit
für ein neues Leben?

Man nennt es:

DAS ECHTE LEBEN.

Lass es nicht länger
an dir vorbeiziehen.
Ergreife hier und jetzt
deine Chance – auf ein
Leben nach Facebook.

Keine Angst, du bist nicht allein. Die Gegenbewegung ist in vollem Gange. Immer mehr junge Menschen sehnen sich nach einem echten Leben. Mit echter Liebe. Echten Freunden. Echten Erlebnissen.

ECHTEM GEFÜHL.

Das beweisen nicht zuletzt aktuelle millionenschwere Kampagnen von **O2** und **Huawei**, die Anfang 2018 mit aller Kraft gegen diesen weltweiten Trend ankämpfen und uns weismachen wollen: „Freiheit ist, wenn ihr nur noch in eure Handys starrt.“ Denn: Es ist total okay, süchtig zu sein. Stell dir vor, eine Whiskey-Marke würde so werben. „Es ist total okay, Alkoholiker zu sein.“ Undenkbar, oder? Was du dagegen tun kannst? Wirf Anbieter, die so einen Unsinn behaupten, aus deinem Leben. Befrei dich von den digitalen Drogendealern, zu denen nicht nur Facebook gehört. Und erkenne, was immer mehr Menschen erkennen: Dass diese Drogen ihnen und ihrem Leben nicht guttun.

Einer von ihnen ist der Sänger und Songwriter **Ed Sheeran**, der 2017 mit „Divide“ eines der meistverkauften Pop-Alben weltweit veröffentlichte. Er benutzt gar kein Smartphone mehr. Und boykottiert Twitter. „Twitter bringt das Schlimmste zum Vorschein“, erklärte er in einem Interview mit der **Welt am Sonntag.**

Andere Menschen gehen sogar noch weiter und schotten sich und ihre Familie völlig von der schönen neuen digitalen Welt ab. Sie kaufen die Nachbargrundstücke rund um ihr Haus, um mit ihren Lieben ungestört in ihrem Garten sein zu können. Sie nutzen ihre Laptops und Smartphones nur beruflich und begegnen Facebook und dem Internet mit gesundem Misstrauen. Ja, sie kleben sogar die Kamera und das Mikrofon an ihren Laptops ab, um ungestört zu sein in ihrer echten, warmen und realen Welt.

So wie das Beispiel
dieses jungen Mannes
eindrucksvoll beweist:

Abb.: Mark Zuckerberg – ein Prominenter geht voran und sichert seine Privatsphäre vor Facebook und Co.

Soll das etwa ein Scherz sein?

NEIN.

(Wobei: Lustig ist es schon.)

Auch wenn es sich bis hierhin so liest: Es geht diesem Buch keineswegs darum, Facebook und die sozialen Medien komplett zu verteufeln. Sondern nur darum, ihre Nutzung auf ein vernünftiges Maß zurückzubringen. Ein Maß, das Facebook-Chef **Mark Zuckerberg** in seinem Leben gefunden hat, das aber Millionen seiner Nutzer vollkommen verloren gegangen ist. Für sie scheint außer der digitalen Welt nichts mehr zu existieren. Die digitale Welt ist zum Zentrum ihrer Welt geworden. Sie leben jetzt in einer schönen Traumwelt voller traumhafter Freunde und unendlicher Möglichkeiten. Leider ist alles das nicht real. Real ist nur das, was sie nicht mehr zu schätzen wissen: echte Menschen. Echte Freunde. Ein echtes Leben. Und genau dorthin führt ein neuer Weg. Mit Hilfe dieses Buches kannst auch du ihn gehen. Willst auch du diesen neuen Weg einschlagen? Den Ausstieg aus Social Media und Facebook schaffen? Dann musst du dir zuerst ganz ehrlich eine Frage stellen und sie genauso ehrlich beantworten:

„BIN ICH SÜCHTIG?"

Bitte beantworte ehrlich die folgenden Fragen:

Wirst du unruhig oder ängstlich und bekommst das Gefühl, etwas zu verpassen, wenn du über einen Zeitraum von mehreren Stunden ohne dein Smartphone und damit ohne Facebook bist?

-elten dein erster Blick
am Morgen und dein
etzter Blick am Abend
deinem Smartphone?

Lässt du dein Smartphone manchmal über Nacht an, um ja nichts zu verpassen?

Fotografierst du dein Essen und vieles andere mit deinem Smartphone, um es auf Facebook zu posten?

Hast du den Drang, alles was du erlebst, bei Facebook und Co. zu posten und zu teilen?

Hast du Angst davor, nicht genügend LIKES zu bekommen?

Ziehst du Facebook und dein Smartphone deinem Partner und der Kommunikation mit echten Freunden vor?

Nimmst du deine reale Umgebung kaum noch wahr, weil du ständig auf dein Smartphone starrst, ob im Bus, in der U-Bahn, beim Spazierengehen oder beim Essen?

Brauchst du LIKES, um dich GELIKED zu fühlen, weil du vergessen hast, wie es sich anfühlt, ECHT GEMOCHT und ECHT GELIEBT zu werden?

Und last, but not least: Hast du mehrmals genickt, während du diese Fragen gelesen hast?

Dann bist du reif für die Insel. Für eine Insel, auf der es weder Smartphones noch Social Media gibt. Kein Captology, das dich ständig auf Trab hält. Keine Endlosschleife auf der Suche nach dem nächsten Dopamin-Kick. Keine Verlustängste. Und keine digitalen Freunde, die nicht das geringste Interesse an dir als Mensch haben. Sondern nur dich und das echte Leben.

BIST DU BEREIT?
DENN HIER KOMMT ER:
DEIN FACEBOOK-AUSSTIEGSPLAN
IN 5 SCHRITTEN!

SCHRITT 1

„Erkenne das Problem."

Noch einmal: Hast du
bei den Fragen vorhin
mehrmals genickt?
Herzlichen Glückwunsch!
Denn das bedeutet,
dass du noch zur

Selbstreflexion

fähig bist – dem ersten
wichtigen Schritt für die
Rückkehr ins echte Leben.

Hey!
Und du da?
Was ist mir dir?
Du hast nicht genickt.
Obwohl du die ganze
Zeit auf dein Smartphone
schielst – was machen wir
denn nun mit dir? ☺

Keine Sorge: Die Rettung naht, niemand ist jemals verloren. Wenn du selbst denkst, dass du kein Problem mit Facebook und Social Media hast, bitte nicht infizierte Bekannte um ihre Meinung. Frage deine Eltern. Oder deine besten Freunde. Oder andere echte, im realen Leben existierende Menschen. Nur bitte keine, die selbst den ganzen Tag an ihrem Smartphone hängen. Und überdenke für einen Moment, was diese Menschen dir sagen. Das nennt man

unterstützte Selbstreflexion.

Egal welcher Typ du bist: Wichtig ist, dass du dir eine zentrale Frage beantwortest, die du schon einmal an früherer Stelle in diesem Buch gelesen hast.

„WOHNE ICH NOCH IN DER REALEN WELT?"

Oder anders gesagt: Passt mein Social-Media-Konsum noch zu den Zielen, die ich im echten Leben habe – oder hat sich das echte Leben bereits meinem Social-Media-Leben untergeordnet? Ist mein Avatar, den ich auf Facebook und Co. erschaffen habe, bereits größer und wichtiger als ich selbst?

Ein guter Weg,
das herauszufinden,
ist dieser:
Führe eine Woche
lang ein Facebook-
Konsumtagebuch.

Am besten ganz altmodisch mit Stift und Papier. Kauf dir ein kleines Notizbuch, das du immer bei dir trägst – so wie dein Smartphone. In dieses trägst du jeden Tag ein, wie oft du dich auf Facebook, Instagram, Snapchat, Twitter und Co. herumtreibst. Und zwar im selben Moment, in dem es passiert. Trage die Uhrzeit ein bei jedem noch so kurzen Kontakt mit der App. Und, wenn du etwas mehr Zeit hast, schreib auf, was genau du dort machst. Und was dich dorthin getrieben hat. Das mag dir etwas aufwendig erscheinen, aber ohne Fleiß kein Preis. Es dauert ja auch nur sieben Tage. Danach weißt du, wie viel Mal pro Tag du im Durchschnitt für wie lange aus dem Leben aussteigst und in eine Phantasiewelt abtauchst, die dir nicht guttut. Und so könnte die erste Seite deines Facebook-Konsumtagebuches aussehen …

Name:

Mein Facebook + Co. Konsumtagebuch

Montag

6 Uhr ___________________________

7 Uhr ___________________________

8 Uhr ___________________________

9 Uhr ___________________________

10 Uhr ___________________________

11 Uhr ___________________________

usw. ___________________________

____

____

____

____

Und? Wie ist es gelaufen? Hast du einen Roman geschrieben? Ist am Ende der Woche an fast jedem Tag in jeder Stunde ein Eintrag? Oder zumindest mehr als die Hälfte des Büchleins voll? Dann weißt du Bescheid und kannst den nächsten Schritt in Angriff nehmen.

SCHRITT 2

„Entscheide dich."

Stell dir folgende Frage: Will ich überhaupt in die reale Welt zurückkehren? Oder hat es mehr Vorteile für mich, wenn ich in der digitalen Welt bleibe? Welche Konsequenzen hätte ein solcher Schritt für die Zukunft, die ich mir erträume? Liste alle Vor- und Nachteile auf. Das könnte in etwa so aussehen:

Im digitalen Leben bleiben

Vorteile	Nachteile
__________________	__________________
__________________	__________________
__________________	__________________

Mein echtes Leben leben

Vorteile	Nachteile
__________________	__________________
__________________	__________________
__________________	__________________

Und nun wäge ab: Hindert dich dein digitales Leben daran, im echten Leben weiterzukommen? Hättest du zum Beispiel gern einen Freund oder eine Freundin? Einen besseren Job? Würdest du gern mehr Sport treiben oder mehr Zeit mit deiner Clique und deiner Familie verbringen? Und so weniger einsam sein? Ist dir Facebook bei diesen Zielen eine Hilfe? Oder hindert es dich eher daran, sie zu erreichen? Stell dir eine weitere Frage: Wiegen die Vorteile, die ich im digitalen Leben habe, die Nachteile auf? Bin ich bereit, für eine Flucht in eine Welt, die nur auf dem Screen meines Smartphones existiert, mein Leben, meine Ziele und meine Träume zu opfern? Bist du nicht? Dann fülle den folgenden Fragebogen aus, um dir darüber klar zu werden, wie tief du bereits in der digitalen Welt versunken bist.

Basierend auf dem CIUS, einem echten klinischen Test für Internetsucht, haben wir diesen Fragebogen entwickelt. Und zwar in zwei Versionen. Einmal für dich. Und einmal für jemanden, dem du vertraust. Dieser Mensch füllt ihn parallel aus und gibt so seine Meinung über dein Verhalten ab. Warum? Nun: Weil Vertrauen gut ist, vor allem in dich selbst, aber Kontrolle eben manchmal doch besser. Los geht's!

Bitte lies dir die Fragen durch und wähle aus den Antworten diejenige, die dein Verhalten am besten beschreibt:

Wie häufig fällt es dir schwer, dich aus Facebook und anderen Social-Media-Apps auszuloggen?

O Nie O selten O manchmal O häufig O sehr häufig

Wie häufig bleibst du auf Facebook, obwohl du eigentlich aufhören wolltest?

O Nie O selten O manchmal O häufig O sehr häufig

Wie häufig sagen dir andere Menschen (Partner, Kinder, Eltern, Freunde), dass es besser wäre, Facebook und Co. weniger zu nutzen?

O Nie O selten O manchmal O häufig O sehr häufig

Wie häufig schläfst du zu wenig wegen Facebook?

O Nie O selten O manchmal O häufig O sehr häufig

Wie häufig denkst du an Facebook, auch wenn du gerade nicht online bist?

O Nie O selten O manchmal O häufig O sehr häufig

Wie oft freust du dich bereits darauf, dich das nächste Mal bei Facebook einzuloggen?

O Nie O selten O manchmal O häufig O sehr häufig

Wie häufig denkst du darüber nach, weniger Zeit auf Facebook und Co. zu verbringen?

O Nie   O selten   O manchmal   O häufig   O sehr häufig

Wie häufig hast du erfolglos versucht, weniger Zeit auf Facebook und Co. zu verbringen?

O Nie   O selten   O manchmal   O häufig   O sehr häufig

Wie häufig erledigst du deine Aufgaben zuhause hastig, damit du früher auf Facebook sein kannst?

O Nie   O selten   O manchmal   O häufig   O sehr häufig

Wie häufig vernachlässigst du das echte Leben (Arbeit, Schule, Freunde, Familie), weil du lieber auf Facebook bist?

O Nie   O selten   O manchmal   O häufig   O sehr häufig

Wie häufig loggst du dich bei Facebook ein, wenn du dich niedergeschlagen fühlst?

O Nie   O selten   O manchmal   O häufig   O sehr häufig

Wie häufig nutzt du Facebook und Social Media, um deinen Sorgen zu entkommen und dich besser zu fühlen?

O Nie   O selten   O manchmal   O häufig   O sehr häufig

Wie häufig fühlst du dich unruhig, frustriert oder gereizt, wenn du nicht auf Facebook sein kannst?

O Nie   O selten   O manchmal   O häufig   O sehr häufig

Und nun die Kontrolle.

Lass einen Freund oder ein Familienmitglied die gleichen Fragen beantworten – über dich!

Wie häufig fällt es ihr/ihm schwer, sich aus Facebook und anderen Social-Media-Apps auszuloggen?

O Nie O selten O manchmal O häufig O sehr häufig

Wie häufig bleibt sie/er auf Facebook, obwohl sie/er eigentlich aufhören wollte?

O Nie O selten O manchmal O häufig O sehr häufig

Wie häufig sagen ihr/ihm andere Menschen (Partner, Kinder, Eltern, Freunde), dass es besser wäre, Facebook und Co. weniger zu nutzen?

O Nie O selten O manchmal O häufig O sehr häufig

Wie häufig schläft sie/er zu wenig wegen Facebook?

O Nie O selten O manchmal O häufig O sehr häufig

Wie häufig denkt sie/er an Facebook, auch wenn sie/er gerade nicht online ist?

O Nie O selten O manchmal O häufig O sehr häufig

Wie oft freut sie/er sich bereits darauf, sich das nächste Mal bei Facebook einzuloggen?

O Nie O selten O manchmal O häufig O sehr häufig

Wie häufig denkt sie/er darüber nach, weniger Zeit auf Facebook und Co. zu verbringen?

O Nie O selten O manchmal O häufig O sehr häufig

Wie häufig hat sie/er erfolglos versucht, weniger Zeit auf Facebook und Co. zu verbringen?

O Nie O selten O manchmal O häufig O sehr häufig

Wie häufig erledigt sie/er seine Aufgaben zuhause hastig, damit sie/er früher auf Facebook sein kann?

O Nie O selten O manchmal O häufig O sehr häufig

Wie häufig vernachlässigt sie/er das echte Leben (Arbeit, Schule, Freunde, Familie), weil sie/er lieber auf Facebook ist?

O Nie O selten O manchmal O häufig O sehr häufig

Wie häufig loggt sie/er sich bei Facebook ein, wenn sie/er sich niedergeschlagen fühlt?

O Nie O selten O manchmal O häufig O sehr häufig

Wie häufig nutzt sie/er Facebook und Social Media, um ihren/seinen Sorgen zu entkommen und sich besser zu fühlen?

O Nie O selten O manchmal O häufig O sehr häufig

Wie häufig fühlt sie/er sich unruhig, frustriert oder gereizt, wenn sie/er nicht auf Facebook sein kann?

O Nie O selten O manchmal O häufig O sehr häufig

Und? Hat gar nicht so wehgetan, oder? Je öfter du im roten oder gar tiefroten Bereich warst, desto höher ist die Wahrscheinlichkeit, dass Facebook und Co. dich bereits unter Kontrolle haben. Sobald du deine Ergebnisse mit denen deiner Kontrollperson verglichen hast und danach noch immer oder erst recht den Wunsch hast, den Spieß umzudrehen und Facebook und dein Leben wieder unter Kontrolle zu bekommen, folgt nun der nächste und wichtigste Schritt. To make a long story short: Jetzt geht's ans Eingemachte!

SCHRITT 3

„Such dir eine Wohnung in der realen Welt."

Oder anders gesagt:
Wage den Absprung.

Natürlich will das gut vorbereitet sein. Aber auch „Rome wasn't built in a day", wie ein schönes Sprichwort sagt. Sondern in vielen Schritten. Gott sei Dank wollen wir hier kein zweites Rom bauen, sondern dich nur ein wenig von Facebook und Co. loseisen. Doch auch dafür braucht es einen guten Plan. Er beginnt mit einer ehrlichen Selbsteinschätzung.

„WAS FÜR EIN TYP BIN ICH?"

Also: Wenn du eine Diät machen würdest, wie würdest du das angehen? Das ist eine Typenfrage, denn nur wenn du deinem Typ entsprechend handelst, wirst du Erfolg haben. Im Großen und Ganzen stehen dir dabei zwei Möglichkeiten zur Auswahl: Radikalfasten oder Reduktion. Schauen wir uns die zwei Typen mal etwas genauer an …

Typ 1: Der Radikal-Aussteiger.

Manche Menschen schaffen es nur, Pfunde loszuwerden oder von einer Sucht wegzukommen, wenn sie es radikal angehen. Sie essen oder trinken zum Beispiel lieber eine Woche lang gar nichts als ihren Konsum nur zu reduzieren – dabei aber trotzdem ständig der Versuchung ausgesetzt zu sein, mehr zu konsumieren, als sie eigentlich wollen. Deshalb entscheiden sie sich oft für den radikalen Cut. In puncto Facebook und Co. würde das bedeuten: Sag deinen Facebook-Freunden „Goodbye" und schließ deinen Account. Leg dafür einen Tag fest und zieh es knallhart durch. Logg dich schlicht und einfach aus. Klingt hart? Ist es auch. Aber nur am Anfang. Danach wird alles gut. Aber vielleicht bist du ja auch Typ 2 …

Typ 2: Der Reduzierer.

Wenn du eine Diät machen würdest, würdest du lieber deinen Konsum generell und langfristig herunterschrauben, um auf dein Traumgewicht zu kommen und es auch zu halten? Aber ganz aufhören möchtest du nicht? Dann bist du dieser Typ. Für dich steht es nicht im Vordergrund ganz aus Facebook auszusteigen, sondern du möchtest nur auf ein vernünftiges Level kommen, um wieder Zeit für das echte Leben, deine Freunde, deine Familie und so weiter zu haben. Dann solltest du diesen Plan beherzigen. Aber: Er funktioniert nur, wenn du dich sehr gut unter Kontrolle hast. Anders als beim Radikalausstieg ist die Versuchung nämlich weiterhin Tag für Tag da. Kannst du ihr widerstehen und deinen Konsum einschränken? Bereite dich auf folgenden Gegner vor, auf den auch der Radikalaussteiger treffen wird:

DAS DIGITALE RUDEL.

„Wie kannst du nur so etwas machen? Wie kannst du das unserer Freundschaft antun? Was ist los mit dir? Hast du Probleme? Du bist asozial!" Und so weiter und so fort. Ein paar dieser Antworten erwarten dich wahrscheinlich, wenn du aus deinem digitalen Rudel aussteigst. Es wird sich bitterlich beschweren. Und ja: Möglicherweise wirst du zum Verräter abgestempelt. Aber die Wahrheit ist: Nein, *du* hast keine Probleme – *sie* haben welche. Und welche Freundschaft bitte? Wenn deine „Freunde" unbedingt mit dir in Kontakt bleiben wollen, wieso nicht per E-Mail, Telefon oder mal auf einen Kaffee im richtigen Leben? Zugegeben: Letzteres kann schwierig sein, wenn sie in China leben – aber brauchst du wirklich Freunde in China, die du nie kennengelernt hast, nie kennenlernen wirst und mit denen du keinen Kontakt hast außer den Likes, die du gelegentlich von ihnen bekommst? Findest du solche Freunde nicht überall? Auch bei dir zuhause? Nein, die Wahrheit ist: Zuhause findest du bessere Freunde. Echte Freunde. Du musst nur ein bisschen dafür tun und ein bisschen von dir geben. Lass dich nicht von einer anonymen digitalen Masse unter Druck setzen oder gar dein Leben von ihr bestimmen. Sondern hab den Mut, dich deinen Verlustängsten zu stellen und die Konfrontation mit dem Rudel durchzuziehen. Auf den ersten Blick wirst du Angst haben, etwas zu verpassen oder dich noch einsamer zu fühlen, als es ohnehin schon der Fall ist. Und ja: Am Anfang kann dein Ausstieg dir Angst machen. Ganz besonders dann, wenn du das echte Leben so sehr vernachlässigt hast, dass du dort kaum noch echte Kontakte unterhältst. Aber schon bald wird dir klar werden, dass die Menschen da draußen gar nicht so übel sind. Und dass jeder von uns jederzeit alte Freunde wiederfinden und neue Freundschaften schließen kann. Und zwar echte Freundschaften. Wer will schon vor seinem Smartphone hängen, bis er alt und grau geworden und sein echtes Leben an ihm vorbeigezogen ist? Du ganz bestimmt nicht, oder?

Also: Je nachdem, ob du Typ 1 oder Typ 2 bist, solltest du deine Entscheidung treffen: Entweder du meldest dich ganz und gar von Facebook und Co. ab. Oder du behältst vorerst oder auch länger eine andere App weiter, die dir das Gefühl gibt, nicht ganz allein da draußen im echten Leben zu sein. Möglichkeit drei: Du fährst nur deinen Konsum runter – und führst zum Beispiel zwei oder drei Facebook-freie Tage in der Woche ein. Oder du gibst jeden Tag dein Smartphone oder Tablet für eine Weile an jemanden ab, dem du vertraust. Fang mit ein oder zwei Stunden an und steigere dich dann langsam, bis du auf einem Level bist, das dir wieder Zeit für das echte Leben lässt. Doch bevor du dich dorthin aufmachst, unternimm folgenden entscheidenden Schritt:

SUCH DIR EINE
WOHNUNG
IM ECHTEN LEBEN!

„Aber ich habe doch eine Wohnung", wirst du jetzt vielleicht denken. Hast du sie wirklich? Oder bist du nur körperlich anwesend im echten Leben so wie ein Zombie, der durch die Welt taumelt, ohne sie zu wahrzunehmen? Bist auch du geistig schon seit langer Zeit ganz woanders? Merke: Eine Wohnung im echten Leben zu suchen, bedeutet, wieder in Kontakt mit echten Menschen zu treten. Es bedeutet, die Augen aufzumachen und zu sehen, was um dich herum geschieht. Im echten Leben.

Bevor du aussteigst aus den (a)sozialen Medien, geh auf Wohnungssuche und frage dich: Habe ich noch alte Freunde, Kollegen oder Familie, um wieder Anschluss im echten Leben zu finden? Oder: Bin ich mutig genug, neue Kontakte im echten Leben zu machen? Dazu kann auch gehören, deine virtuellen Facebook-Freunde einzuladen, gemeinsam auszusteigen und eine echte Freundschaft zu starten. Gemeinsam etwas zu unternehmen. Das Ergebnis wird dir auf den ersten Blick vielleicht enttäuschend erscheinen, denn allzu viele wirst du dafür nicht begeistern können, aber das beweist nur, dass die meisten dieser „Freunde" eben keine waren und es genau deshalb auch keinen Grund gibt sie zu vermissen. Doch die gute Nachricht ist: Wenn es dir gelingt, nur ein, zwei oder drei echte Freunde mitzunehmen, hast du schon die ersten Mitbewohner für deine Wohnung in der realen Welt. Herzlichen Glückwunsch, der Anfang ist gemacht!

„DAS KANN ICH ABER NICHT!"

Keine Sorge: Du kannst es! Dafür musst du nur verstehen, was Facebook psychologisch betrachtet eigentlich ist: eine Kompensationsstrategie. Du fragst dich, was das nun wieder sein soll? Nun: ganz einfach. Immer mehr Menschen leiden unter Sozialphobie, der Angst davor, echten Kontakt mit anderen Menschen aufzunehmen. Früher nannte man das Schüchternheit, aber heute tritt dieses Phänomen in einer bislang ungekannten Dimension auf. Ganz besonders gilt das für Digital Natives, also die Jüngeren unter uns, die mit Social Media aufgewachsen sind und kaum noch eine andere Chance zur zwischenmenschlichen Interaktion kennen als die digitale Interaktion. Ihnen jagt die Nähe zu echten Menschen zuweilen sogar eine Heidenangst ein. Das Paradoxe jedoch ist: Menschliche Nähe ist trotz dieser Angst genau das, was sie und wir alle uns von Herzen wünschen. Das Einzige, was wir tun müssen, um diesem Teufelskreis zu entkommen, ist: Uns ein Herz zu nehmen und auf andere Menschen zuzugehen – und zwar im echten Leben. Denn wenn wir das nicht hinbekommen, werden wir weiter mit Facebook unser Alleinsein und unsere Einsamkeit kompensieren und eben auf digitale Freunde zugreifen, weil wir für echte Bindungen nicht mutig genug sind und erst recht keine Konflikte mehr lösen können, sondern sie lieber einfach wegklicken. Die Frage, die sich dabei stellt, ist: Was hat mich eigentlich in eine solche Sozialphobie hineingetrieben? Denn das Freundschaftsbild von Facebook-Nutzern ist ein autistisches Freundschaftsbild. Gemeinsam einsam, hier sind wir wieder bei der knackigen Line, die schon einmal in diesem

Buch auftauchte. Eine großangelegte Langzeitstudie der **San Diego State University** unter mehr als einer Million junger Amerikaner kommt zu dem Schluss, dass Menschen, die mehr als fünf Stunden am Tag online sind, doppelt so unglücklich mit ihrem Leben sind wie Menschen, die weniger als eine Stunde online sind. Je mehr echte Freizeitaktivitäten wie Sport oder Freunde treffen Menschen ausüben, desto glücklicher sind sie, so die leitende Psychologin **Jean Twenge** und ihr Team. Jede Aktivität, die keinen Bildschirm beinhaltete, machte die Teilnehmer glücklicher, jede Aktivität mit Bildschirm wiederum machte sie unglücklicher. Also, frage dich: Welche Funktion erfüllt Facebook für mich? Und was hat mich in diese Situation hineingetrieben? Irgendwo gibt es ein Defizit in deinem

Leben. Was nicht heißen soll, dass du in irgendeiner Form gestört bist, denn dann wären ja mehr als zwei Milliarden Facebook-Anhänger auf der ganzen Welt gestört. Nein: Es bedeutet, dass du herausfinden musst, was du mit Facebook kompensierst, denn erst wenn du das weißt, kannst du das Problem auch lösen. Deine Ängste überwinden. Und plötzlich echte Beziehungen im echten Leben aufbauen. Die Belohnungen, die dabei auf dich warten, werden dir dann keine Angst mehr machen, sondern dein Herz mit Freude erfüllen. Denn auf dich warten:

Menschliche Nähe.

Freundschaft.

Liebe.

Das Einzige, was du dafür brauchst, ist ein wenig Mut. Und eine attraktive Zukunftsvision. Stell dir folgende Frage: Was habe ich früher gern gemacht, als ich noch ohne Facebook ausgekommen bin? Oder: Was gefällt mir sonst so am Leben? Was würde mir Spaß machen? Wie würde ich mein Leben am liebsten gestalten? Was sind meine Ziele? Wovon träume ich? Und wie kann ich ab heute daran arbeiten, dass mein echtes Leben sich langsam, aber sicher in meinen Traum verwandelt – in kleinen, überschaubaren Steps?

DAZU FEHLT DIR DIE PHANTASIE?

Dann gönne dir ein wenig Inspiration!

KENNST DU WALTER MITTY?

„The Secret Life of Walter Mitty" ist ein wunderbarer Film über den kleinen Angestellten eines Fotolabors einer großen Zeitschrift auf der Suche nach einem verschwundenen Negativ. Der schüchterne Tagträumer Walter, großartig gespielt von Ben Stiller, hat sich sein Leben lang versteckt, nie etwas erlebt und träumt heimlich von seiner Arbeitskollegin. Von äußeren Umständen gezwungen, begibt er sich auf eine Suche, die ihn nicht nur um den ganzen Globus führen soll, sondern sein Leben auf den Kopf stellt. Indem er in kleinen Schritten den Mut aufbringt, sein Leben nicht mehr zu träumen, sondern seine Träume zu leben, bekommt er das großartigste Geschenk, das überhaupt denkbar ist: ein großartiges Leben.

Bist auch du bereit
für dieses Geschenk?
Dann mach es wie Walter.
Hör auf, dein Leben zu
träumen. Und fang an,
deine Träume zu leben!

Und ganz wichtig: Lass dich nicht von Rückschlägen entmutigen! Denn auch diese werden kommen und zwar ziemlich sicher. Sie sind aber kein Grund aufzugeben oder sich zu verstecken. Wichtig ist, dass du den nächsten Schritt gut verinnerlichst und ihn in Gedanken immer bei dir trägst. Und mit ihm noch etwas anderes, ein unentbehrliches Utensil für deine Reise:

GOODBYE
FAKEBOOK

SCHRITT 4

„Pack deinen Notfallkoffer.“

Was machst du, wenn du eine Reise planst? Richtig, du packst deinen Koffer! Sieh auch deinen Abschied von Facebook und anderen Social Media-Plattformen als das, was es ist: eine Reise. Denn du brichst von einem Ort zu einem anderen auf, zu einem neuen, besseren Ort. Um für den Weg gewappnet zu sein, solltest du ein paar Dinge in deinen imaginären Koffer packen. Warum er Notfallkoffer heißt? Nun: Weil auf deinem Weg unvorhergesehene Verzögerungen lauern könnten. Wenn ein Gewitter über einen hereinbricht, ist es immer gut, einen Regenschirm und trockene Sachen dabeizuhaben. Und eine gute Taschenlampe, die dir den Weg weist.

Was genau verbirgt sich
hinter diesem Notfallkoffer?
Oder besser gesagt: in ihm?

Also, du musst dir das so vorstellen: Der Notfallkoffer ist ein imaginärer Koffer, in dem sich genau die Dinge befinden, die dich im Notfall vor einem Rückfall schützen. Der Notfall tritt dann ein, wenn du urplötzlich ein unwiderstehliches Verlangen verspürst, rückfällig zu werden. Dieser akute Suchtdruck nennt sich in der Psychologie „Craving“. In diesem Fall brauchst du ein Rezept, um die ersten und schlimmsten zehn Minuten zu überbrücken. Eine Art Gegenmedikament mit Sofortwirkung. Und genau das befindet sich in deinem imaginären Notfallkoffer, den du für eben diese Situation gepackt hast und den du dir nun wieder ins Gedächtnis rufst. Was sich in diesem Koffer befindet? Nun, jeder hat andere Rezepte. Du solltest bereits vorher ausprobieren, was für dich am besten funktioniert. Hier ein paar Vorschläge …

In meinen Notfallkoffer packe ich:

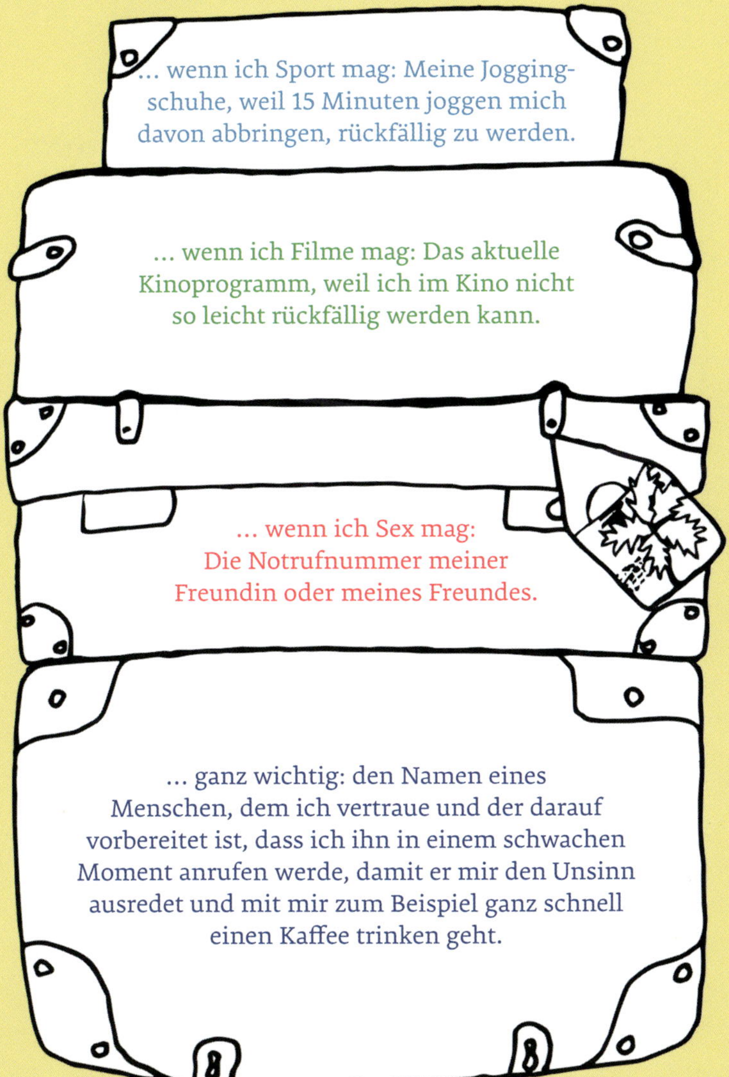

Und so weiter und so fort: Alles, was innerhalb weniger Minuten Ablenkung bringt und deine vollständige Aufmerksamkeit erfordert, ist erlaubt.

Last but not least gehört in den Koffer auch: Das Wissen, dass ein Rückfall keine Katastrophe ist. Sondern eine Chance. Die Chance zu erkennen, dass ich meinen Notfallkoffer nicht richtig gepackt habe. Und dass ich ihn mit einer anderen Notfall-Strategie ausstatten muss, damit mir das kein zweites Mal passiert. Kleiner Tipp: Am besten geht das gemeinsam mit Freunden.

Und denke dabei immer an eines: Facebook wurde ursprünglich erschaffen, damit alte Freunde von Schule und Uni einfacher miteinander in Kontakt bleiben können. Heute aber wird es völlig anders genutzt: Nämlich um neue Freundschaften zu schließen. Doch es gibt keine digitalen Freundschaften. Sie sind schlicht und einfach: FAKE. Echte Freundschaften gibt es nur im echten Leben und dorthin führt dich der nächste und letzte Schritt …

SCHRITT 5

„Fang wieder an zu leben!“

Aber wie?
Nun: Es ist gar nicht so schwer. Setz dich einfach gemütlich hin und …

ENTSCHLEUNIGE!

„Entschleunigung? Ich hab keine Ahnung, wie das geht!“ Keine Sorge: Das hast nicht nur du vergessen, sondern die halbe Welt. Und das ist auch kein Wunder in unserer hektischen und schnellen Zeit. Dabei ist es wirklich kinderleicht. Starte mit einer simplen Übung: Setz dich auf eine Parkbank und guck einfach blöd. Ungefähr zehn Minuten lang.

Und? Kannst du das überhaupt noch? Einfach nur zur Ruhe kommen und dich ein paar Minuten lang selbst aushalten? Wenn nicht, wirst du es lernen. Denn nur so fängst du an, die Welt da draußen zu entdecken. Und mit ihr dich selbst. Nur so findest du heraus, wer du bist und was du wirklich vom Leben willst. Und das Leben wartet schließlich auf dich, also bereite dich gut vor. Beim nächsten Mal, wenn du in der U-Bahn sitzt oder dich sonst irgendwo langweilst, mach es nicht wie alle anderen: Starre nicht in dein Smartphone oder in irgendeine Zeitung. Denn: Du musst nicht jede Minute effizient nutzen – manchmal ist Ineffizienz sehr viel effizienter. Was das heißen soll? Nun: Während alle anderen einsam auf ihr Handy glotzen, kommst du vielleicht mit einem fremden Menschen ins Gespräch. Und wer weiß? Vielleicht versteht ihr euch ganz gut. Vielleicht werdet ihr sogar Freunde. Oder mehr… Es liegt ganz allein an dir.

Denk immer daran: Du bist ein physisches Wesen. Kein digitales Wesen. Du brauchst Berührungen, Augenkontakt, Wärme und hier und da ein echtes Lächeln – statt eines hingerotzten Smileys ohne jede Bedeutung. Und nun steh auf von deiner Parkbank und mach den nächsten Schritt.

Er beginnt mit einem einfachen Satz, etwas, das du dir nicht nur vornimmst. Sondern es tatsächlich tust:

NIMM TEIL!

Und zwar an allem. Und teilnehmen beginnt mit wahrnehmen: Nimm die Welt um dich herum wieder wahr, das Zwitschern der Vögel, das krasse Lachen deines Freundes, die salzigen kleinen Tränen eines Kindes, den Duft von frischgebackenem Brot, den Wind in den Bäumen. Fühle den Regen auf deiner Haut, einen Kuss auf deinen Lippen, eine Umarmung in deiner Seele. Und denke in diesem Moment daran, welches Glück du hast, denn es gibt weder digitale Küsse noch digitale Umarmungen.

Wusstest du, dass sich die
Herzfrequenzen zweier Menschen
angleichen, wenn sie gemeinsam
essen, zum Beispiel bei einem
romantischen Candle-Light-Dinner?
Und dass das Gleiche mit den
Hirnströmen von Freunden passiert,
die gemeinsam etwas unternehmen?
Ach ja, und noch was:

ENTDECKE DEINE INNERE STIMME.

Bis jetzt warst du so abgelenkt von deiner digitalen Existenz und dem Überangebot an Medien, anders gesagt vom Orchester fremder Stimmen, dass du deine eigene Stimme gar nicht mehr hören konntest. Doch nun geht das wieder. Nutze die Zeit und finde heraus, wer du bist und was du vom Leben willst. Dein Ausstieg bei Facebook und Co. kann dein Leben auf den Kopf stellen. Und vielleicht wirst du schon bald, in ein paar Monaten oder wenigen Jahren genau das Leben führen, das du dir erträumt hast. Überleg dir, was du mit deiner freien Zeit anstellen wirst. Denn hier geht es nicht nur um Hobbys, sondern um die wichtigsten Dinge im Leben: Was möchte ich wirklich und von ganzem Herzen machen, beruflich und privat? Vielleicht kündigst du endlich und ergreifst deinen Traumjob. Du fängst an, ein Musikinstrument zu lernen und spielst in einer Band. Oder du findest die Liebe deines Lebens – nicht digital in China, sondern im echten Leben direkt in der Nachbarschaft. Oder in Amerika, wo du einfach mal für ein paar Monate hinziehst, um die Welt zu entdecken. Aber vielleicht ist das auch gar nicht nötig: Meistens sind es die kleinen Träume, die uns glücklich machen – und die wir oft vernachlässigen. Kleine Momente im Alltag können eine Quelle großen Glücks sein – wenn wir sie wirklich wahrnehmen und zu schätzen wissen. Ein Kuss, ein Lächeln, ein erfüllender Job, der genug einbringt, um die Miete bezahlen zu können – und ein Mensch an meiner Seite, der kein Model sein muss, aber nett und witzig ist. Also: Finde heraus, was für dich am wichtigsten ist – deine Möglichkeiten sind unendlich. Im Anschluss findest du ein Tagebuch, in dem an jedem Morgen eine kleine Aufgabe auf dich wartet. Genau sieben Tage lang. Und am Abend gibt's die Belohnung des Tages – ein Real-Life-Smiley ☺ . Das du dir selbst verdient hast und das dir sagen will: Gut gemacht, weiter so! Und sollte es an dem einen oder anderen Tag mal nicht so gut laufen: Kein Grund aufzugeben! Mach einfach weiter. Denn du wirst es schaffen. Warum? Ganz einfach:

Weil du es auch schon
bis hierher geschafft hast.
Durch ein nicht digitales Buch.
Und zwar bis zur letzten Zeile.
Siehst du? Du kannst es.
Und du wirst es schaffen!
Und nun …

LEBE!

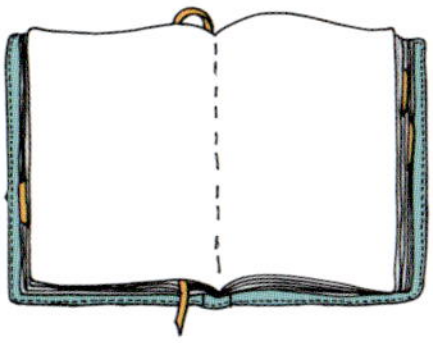

Mein Facebook-Aufhör-Tagebuch.

In sieben Tagen erschuf Gott die Welt. Und in sieben Tagen kannst auch du deine Welt neu erschaffen.

Los geht's!

Wie wir erfahren haben, sind Facebook und Co. nichts anderes als eine Kompensationsstrategie. Eine Flucht aus dem richtigen Leben, das uns manchmal das Gefühl gibt, ohnmächtig zu sein und nicht unsere eigenen Entscheidungen treffen zu können. Das, was wir wirklich wollen und wovon wir träumen, scheint in weiter Ferne zu liegen. Aber ist das wirklich so? In den nächsten sieben Tagen hast du die Chance, deine durch Facebook- und Social Media-Abstinenz gewonnene Zeit in etwas viel Besseres zu investieren: In dich, deine Träume und wie du sie wahr machst. Viel Erfolg dabei!

Tag 1

Zitat des Tages:

„Sei eine erstklassige Ausgabe deiner selbst, keine zweitklassige von jemand anderem."

Judy Garland, Hollywood-Ikone

Aufgabe des Tages:

Denk über dich und dein Leben nach. Bist du eine erstklassige Ausgabe deiner selbst? Oder machst du nur, was andere von dir verlangen? Wenn du dich frei entscheiden könntest: Was würdest du mit deinem Leben anfangen? Und was hindert dich hier und heute daran, einen ersten Schritt in diese Richtung zu machen?

☺ Belohnung des Tages:

Trage hier ein, was das Schönste an deinem ersten Tag im echten Leben und ohne Facebook und Social Media war.

Herausforderung des Tages:

Trage hier ein, was das Schwierigste an deinem ersten Tag im echten Leben und ohne Facebook und Social Media war.

Resümee des Tages:

Trage hier ein, wie du diesen Tag bewertest.

Tag 2

Zitat des Tages:
„Und plötzlich weißt du: Es ist Zeit, etwas Neues zu beginnen und dem Zauber des Anfangs zu vertrauen."
Meister Eckhart, deutscher Theologe

Aufgabe des Tages:
Womit möchtest du heute anfangen? Gibt es etwas, von dem du schon lange träumst, das du aber immer wieder aufgeschoben hast? Etwas, das dich glücklich machen würde? Ein neues Hobby zum Beispiel – wie ein Musikinstrument zu lernen? Einen Liebesbrief an einen heimlichen Schwarm zu schreiben? In einem Luxushotel zu übernachten? Dann mach heute den ersten Schritt.

☺ Belohnung des Tages:
Trage hier ein, was das Schönste an deinem zweiten Tag im echten Leben und ohne Facebook und Social Media war.

Herausforderung des Tages:

Trage hier ein, was das Schwierigste an deinem zweiten Tag im echten Leben und ohne Facebook und Social Media war.

Resümee des Tages:

Trage hier ein, wie du diesen Tag bewertest.

Tag 3

Zitat des Tages:

„Du weißt, dass du verliebt bist, wenn du nicht einschlafen kannst, weil die Realität endlich besser ist als deine Träume."

Dr. Seuss, amerikanischer Kinderbuchautor

Aufgabe des Tages:

Wer von uns träumt nicht davon, sich Hals über Kopf zu verlieben? Aber nur die Wenigsten von uns sind es – das gilt für Singles und Paare gleichermaßen. Gibt es einen Menschen, den du wirklich liebst? Dann nimm dir heute ein Herz und mach den ersten Schritt. Bist du einsam? Dann suche mit offenen Augen. Ob in der Straßenbahn, im Büro, an der Uni oder auf einer Dating-Site. Es gibt keinen falschen Ort dafür.

☺ Belohnung des Tages:

Trage hier ein, was das Schönste an deinem dritten Tag im echten Leben und ohne Facebook und Social Media war.

Herausforderung des Tages:

Trage hier ein, was das Schwierigste an deinem dritten Tag im echten Leben und ohne Facebook und Social Media war.

Resümee des Tages:

Trage hier ein, wie du diesen Tag bewertest.

Tag 4

Zitat des Tages:

„Wähle einen Beruf, den du liebst, und du brauchst keinen Tag in deinem Leben mehr zu arbeiten."

Konfuzius, chinesischer Philosoph

Aufgabe des Tages:

Mal ganz ehrlich: Bist du glücklich in deinem Job? Wenn es so ist: Herzlichen Glückwunsch, denn schließlich verbringen die meisten von uns den größten Teil ihres Lebens mit ihrer Arbeit. Wer seine Arbeit liebt, wird auch sein Leben lieben. Und umgekehrt! Egal wie alt du bist: Starte heute deine Berufsplanung mit Zukunft.

☺ Belohnung des Tages:

Trage hier ein, was das Schönste an deinem vierten Tag im echten Leben und ohne Facebook und Social Media war.

Herausforderung des Tages:

Trage hier ein, was das Schwierigste an deinem vierten Tag im echten Leben und ohne Facebook und Social Media war.

Resümee des Tages:

Trage hier ein, wie du diesen Tag bewertest.

Tag 5

Zitat des Tages:

„Wer glaubt, dass jeder Facebook-Kontakt ein Freund ist, der weiß nicht, was Freundschaft bedeutet."

Mark Zuckerberg, amerikanischer Social Media-Guru

Aufgabe des Tages:

Herzlichen Glückwunsch, du hast schon Tag 5 ohne Facebook erreicht! Grund genug, mal jemanden zu zitieren, der wissen muss, dass Soziale Medien keine echten Freunde ersetzen können: Facebook-Erfinder Mark Zuckerberg. Widme den heutigen Tag deinen echten Freunden. Feiere mit ihnen das Leben! Nicht online, sondern mit einem gemeinsamen Abendessen oder einer kleinen Party!

☺ Belohnung des Tages:

Trage hier ein, was das Schönste an deinem fünften Tag im echten Leben und ohne Facebook und Social Media war.

Herausforderung des Tages:

Trage hier ein, was das Schwierigste an deinem fünften Tag im echten Leben und ohne Facebook und Social Media war.

Resümee des Tages:

Trage hier ein, wie du diesen Tag bewertest.

Tag 6

Zitat des Tages:

„Nicht da ist man daheim, wo man seinen Wohnsitz hat, sondern wo man verstanden wird."

Christian Morgenstern, deutscher Schriftsteller

Aufgabe des Tages:

Wo wirst du verstanden? Wo fühlst du dich zu Hause? Mach eine Liste aller Menschen, die zu deinem Leben gehören und dir das Gefühl von Liebe, Geborgenheit und Verständnis vermitteln – Menschen, die für dich Heimat sind. Bedanke dich heute mit einem kleinen Geschenk bei mindestens einem von ihnen. Es muss nichts kosten, aber unbedingt von Herzen kommen.

☺ Belohnung des Tages:

Trage hier ein, was das Schönste an deinem sechsten Tag im echten Leben und ohne Facebook und Social Media war.

Herausforderung des Tages:
Trage hier ein, was das Schwierigste an deinem sechsten Tag im echten Leben und ohne Facebook und Social Media war.

Resümee des Tages:
Trage hier ein, wie du diesen Tag bewertest.

Tag 7

Zitat des Tages:

„Glück ist das einzige, was wir anderen geben können, ohne es selbst zu haben.“

Carmen Sylva, rumänische Königin und Schriftstellerin

Aufgabe des Tages:

Du kannst stolz auf dich sein: Der siebte Tag ist erreicht. Und vielleicht hast du im Laufe der nun hinter dir liegenden Woche schon erfahren, dass das echte Leben zwar nicht immer leicht ist, aber glücklich machen kann, wenn du anfängst, es wirklich zu leben. Gib heute einem Menschen etwas von deinem Glück ab: Lächle einen Fremden an, spende einem Obdachlosen fünf Euro oder einem Bekannten ein Kompliment. Du wirst sehen, wie das Glück zu dir zurückkommt.

☺ Belohnung des Tages:

Trage hier ein, was das Schönste an deinem siebten Tag im echten Leben und ohne Facebook und Social Media war.

Herausforderung des Tages:

Trage hier ein, was das Schwierigste an deinem siebten Tag im echten Leben und ohne Facebook und Social Media war.

Resümee des Tages:

Trage hier ein, wie du diesen Tag bewertest.

Und nun: Bitte einmal tief und erleichtert ausatmen!

Denn das war's.
Du hast das Happy End dieses Buches erreicht. Aber für dich ist der Ausstieg aus Facebook nur der Anfang deines richtigen Lebens. Schon Hermann Hesse wusste: „Jedem Anfang wohnt ein Zauber inne." Nutze diesen Zauber – für dich und deinen Absprung ins echte Leben!
Viel Glück! ☺

PS: Der österreichische Journalist Oliver Tanzer schloss Ende Januar 2018 seinen Facebook-Account. Das kannst du auch!

Oliver Tanzer
23 Std. ·

.... schließt gerade seinen FB-Account. Viel Spaß und Spannung für Euch! Au Revoir im echten Leben!

Gefällt mir   Kommentieren   Teilen

Susanne Rössler, Ernst Schmiederer und 49 weitere Personen

Vorherige Kommentare anzeigen

Corinna Milborn schade aber verständlich! 1
Gefällt mir · Antworten · 21 Std.

Betty Baloo Respekt! Ich will auch, schaffe es aber noch nicht ganz. Angewöhnt hab ich es mir ja auch langsam ....
Gefällt mir · Antworten · 21 Std.

Karin Koller why
Gefällt mir · Antworten · 20 Std.

Tessa Szyszkowitz Was ist los? Facebook burn out? Schreib mir eine Email!
1
Gefällt mir · Antworten · 20 Std.

(Screenshot)

Merci

An das ganze Team der edition a. Ihr seid echte Freigeister! Und an die vielen guten und ebenso echten Freunde und echten Familienmitglieder, die Ansporn und Inspiration für dieses Buch waren. Danke euch allen!

Quellen

Beginnen wir mit dem Wichtigsten: Die schönen Illustrationen in diesem Buch stammen von Walter Krause. Sie sind handgemacht und wurden erst für den Druck digitalisiert, was dieses Buch zu einem echten kleinen Kunstwerk macht.

Weitere Quellen (sofern nicht bereits im Text vermerkt):

S. 7/8: Über das Ministerium für Einsamkeit berichtete die Frankfurter Allgemeine Zeitung am 19. Januar 2018.

S. 23/24: Die Zahlen zu den Weltreligionen stammen von der Website www.allgemeinwissen.com

S. 53-55: In die Recherche zu Captology sind unter anderem Informationen des Stanford Persuasive Tech Lab (captology.stanford.edu) sowie aus einem Artikel von Martin Giesler für das Wirtschaftsmagazin brand eins, Ausgabe Januar 2018, eingeflossen.

S. 59/60 und S. 66: Die Aussagen von Sean Parker und Chamath Palihapitiya basieren auf Berichten von Nils Jacobsen/Meedia für XING.

S. 99: Das Foto von Mark Zuckerberg hat Mark Zuckerberg gepostet. Die erhellenden Hinweispfeile wurden von einem unbekannten Bearbeiter eingefügt.